Los maestros

Quinn M. Arnold

CREATIVE EDUCATION
CREATIVE PAPERBACKS

semillas del saber

Publicado por Creative Education y Creative Paperbacks
P.O. Box 227, Mankato, Minnesota 56002
Creative Education y Creative Paperbacks son marcas
editoriales de The Creative Company
www.thecreativecompany.us

Diseño de Ellen Huber; producción de Christine Vanderbeek
Dirección de arte de Rita Marshall
Traducción de Victory Productions, www.victoryprd.com
Impreso en los Estados Unidos de América

Fotografías de Alamy (Michael Dwyer, Lynnette
Peizer), iStockphoto (asiseeit, IPGGutenbergUKLtd,
monkeybusinessimages, percds), Shutterstock
(AlexeiLogvinovich, antoniodiaz, Emil Durov, ESB Professional,
littleny, Maglara, Jordi Muray, Picsfive, Olga Popova,
SpeedKingz, Alex Staroseltsev, wavebreakmedia)

Información del Catálogo de publicaciones de la Biblioteca
del Congreso is available under PCN 2017935650.
ISBN 978-1-60818-931-1 (library binding)

9 8 7 6 5 4 3 2 1

TABLA DE CONTENIDO

¡Hola, maestros!

Los maestros explican muchas **materias**. Ellos enseñan cómo trabajar con matemáticas y ciencias.

Ellos enseñan a leer y a escribir.

La mayoría de los
maestros trabajan
en escuelas.

Algunos trabajan en los hogares.

Los maestros buscan formas de ayudar a los niños a aprender.

Los maestros ponen tareas y pruebas. Esto los ayuda a supervisar lo que aprenden los estudiantes.

Los maestros llenan
libretas de calificaciones.
Los padres se reúnen
con los maestros.

Ellos hablan sobre el progreso de los niños en las clases.

13

Los maestros contestan preguntas. Se preparan para las clases. Califican los trabajos escolares. Ayudan a los niños a ponerse metas.

Los maestros ayudan a los estudiantes a aprender cosas nuevas. Ellos educan a los niños de su comunidad.

¡Adiós, maestros!

Imágenes de un maestro

mapa

globo terráqueo

estudiantes

pizarrón

maestra

21

Palabras que debes saber

materias: temas que se estudian en la escuela, como matemáticas, ciencias o historia

metas: cosas que se deben hacer o lograr

Índice